Eine kleine Reise in die Ewigkeit

Für Lukas und Vanessa

Gabriele Reuter
Eine kleine Reise in die Ewigkeit
Gedichte und Gedanken

Bibliografische Information der Deutschen
Nationalbibliothek:
Die Deutsche Nationalbibliothek verzeichnet diese
Publikation in der Deutschen Nationalbibliografie:
detaillierte bibliografische Daten sind im Internet über
http://dnb.d-nb.de abrufbar.

© 2009 Gabriele Reuter
Illustration © 2009 Andreas Reuter
Herstellung und Verlag: Books on Demand GmbH,
Norderstedt
ISBN 978-3-8391-4426-8

Die Idee verlässt ihr Heim,
trifft den Gedanken und die Logik!
Die Vielfalt schleicht sich in
dieses Trio ein
und begleitet sie von nun an
mit jedem Schritt!

Die Wirkung, das Resultat nicht lang
auf sich wartend.
Ist's doch die Logik die sie dazu bringt!
Die Vielfalt immer noch beharrend,
der Möglichkeiten keine Grenzen sind!

Doch die Erinnerung sie immer
begleitet,
wohin ihr Weg sie auch bringt!
Ihr Antlitz wird niemals verbergen
wo ihr zu Hause sich befind!

Der Strahl der Sonne sich brechend
im Kristall.
Den Spiegel des Ursprungs zeugend
überall.

Schleier der Finsternis sich
hernieder senkend.
Den Spiegel trübend, sein
Leuchten verschenkend.

Erahnend das Licht sich im
Dunkel windend,
erinnernd des Glanzes, das Leben
verkündend.

Im Kristall sich brechend der Strahl
der Sonne;
zeugend vom Licht,
der alten Wonne!

Ist es nicht das Kleine was so groß ist?
Und das Große was so klein ist?
Macht das Kleine nicht
das Große aus?
Und das Große nicht das Kleine?
So wie das Große das Kleine liebt,
liebt das Kleine das Große.
So zeigt ER uns die Vielfalt
und lässt sie uns zeigen,
dass nichts aber auch gar nichts
klein ist,
nichts unbedeutend und bedeutend.
Alles war und ist
und nichts so war wie es ist.
Die Wirklichkeit hier
und doch nicht da,
die Unwirklichkeit fern
und doch so nah.
Man ist existent und wiederum nicht,
wie der Gedanke birgt
Dunkel und Licht.
Wir in der Unendlichkeit endlich sind
und das Endliche sich in der
Unendlichkeit find!

Alles ist Wahrheit, nichts ist unwahr.
Gestern, Heute, Morgen und immerdar.
So sind wir klein
und sind's wieder nicht,
sind unwissend und doch
wieder nicht.
Ist's doch nur ein Kleines
in dem man ist,
in dem man sagen kann ,du bist'.
So ist man und ist es wieder nicht.
Geht man zum Nächsten
erhellt sich das Licht!
Doch groß ist man dann
auch nicht
und wird es nie sein.
Aber weil wir so klein,
wird das Große
in uns ewig sein!

Siehst du das Licht in dem Haus,
siehst du das Licht in der Welt.
Siehst du die Menschen die da gehen,
siehst du ihr Leid was sie erleiden.

Erkennst du die Wärme in dem Licht,
erkennst du das Licht wie es scheint,
in der Wärme gebend viel,
der Erkenntnis gebend alles!
Siehe das Licht, dann siehst du viel!

*J*edes hat seine Zeit
und keines kann ihr entflieh'n!
Zeit ist Menschenwerk,
Ewigkeit das Prinzip des Einen!
Was ist Weisheit?
Der Blick auf die Zeit
oder das Wissen
um die Unendlichkeit?

Geboren zu suchen,
zu erforschen, zu erkennen
das Dunkel der Nacht.
Frierend sich sehnend
nach der Dämmerung des Morgens.
Geboren zu suchen
die Schatten der Nacht.
Sind es ferne Ufer
in der Ungewissheit des Nichts?

Niemals mehr
frieren im Dunkel der Nacht.
Die Wärme erkennend
in der Dämmerung des Morgens.
Findend die Schatten der Nacht.
Erhaben das Ufer
sich erhebend aus dem Nichts!

Siehst du dort kriechen den Regenwurm,
die Woge, die da peitscht im Sturm,
die Vögel, die da fliegen
dem Firmament entgegen,
auch wenn auf die Erde
prasselt der Regen?

Siehst du den Käfer über die Blätter laufen,
den Hengst sich mit der Stute raufen,
den Baum, der majestätisch im Winde weht
und die Blume, die stolz in der Wiese steht?

Siehst du der Welten unzählige Gestirne,
ahnst du des Universums heftige Stürme?
Dann weißt du, es ist wahr!
Liebe ist nicht nur ein Wort!
Liebe ist Gott!

Hätten wir früher gehört auf das Wispern,
in der Bäume Kronen Flüstern!
Wenn der Wind um das Haus hier rauscht!
Hätten wir nur früher gelauscht!

Die Vögel singen's von dem Dach,
an unserem Ohr erzählt's der Bach!
Die Biene summt es fröhlich vor sich hin,
wär's uns doch früher gekommen in den Sinn!

Der Tag, die Nacht, die Stunde,
die Sekunde!
Der Samen, der Sproß, der Strauch,
der Baum,
alle wollten's uns erzählen,
doch wir war'n taub,
konnten's nicht vernehmen!

Erkenntnis erlangen ist nicht schwer.
Ist's doch ein Öffnen der Sinne,
nicht mehr!
Bereitschaft zum Lernen,
das stetige Wollen!
Ehrfurcht ist den Dingen zu zollen!
Fang an das Kleinste zu seh'n.
Deine Gedanken werden
nicht mehr im Wege steh'n!
Lerne erkennen des Lebens
Herrlichkeiten,
die Vielfalt, des Universums Weiten!

Soll doch niemals einer sagen,
dass es dieses all nicht gibt.
Soll sich jeder einmal fragen,
woher kommt's, dass er sie liebt?
Was sind Gefühle, was sind Gedanken,
was sind Mythen und was Religion,
um die sich die schönsten Sagen ranken?
Weißt du woher sie kommen,
weißt du wovon?

Gab es früher doch die Ursprünglichkeit,
gab es die Weisheit, das Wissen!
Wo ist sie geblieben in der heutigen Zeit?
Fangen wir dies all nicht
an zu vermissen?

Manchmal schweben die Sinne
in höhere Sphären,
manches können wir nicht erklären.
Wir sagen,
es sind Phänomene.
Was für ein Wort!
Oder ist's die Natürlichkeit
die sagen will, es ist was dort?
Machen wir uns endlich offen
für das was ist real.
Fangen wir wieder an zu hoffen,
so führt uns der Weg
auch aus diesem Tal!

Oh, wie klein seid doch ihr Geister,
verstehet meine Sprache nicht!
Sind's doch alte und gewusste Sachen!
Wollt ihr mundtot mich da machen?
Merkt nicht, dass mit Luft ihr handelt,
euer Wort in Rauch sich wandelt?
Werft mit Steinen die nicht treffen,
meint ihr doch, ihr wärt ein Fuchs!
Habt im Hirn nicht graue Zellen,
die euch euren Geist erhellen!
Sterbt doch so wie ihr es wollt!
Denkt auch noch, ich hätt' gegrollt!
Werdet's irgendwann erkennen,
dass es recht ist, was ich sag!
Seid doch klein ihr armen Geister,
müsst euch winden in der Schmach!

In der Wahrheit des Geistes
zu ergründen die Dinge
damit sich das Kleinste erfülle.
Habt nicht mit dem Geist gespielt,
er war euch umnachtet!

Ja, wollt ihr denn nie begreifen?
Nie in eurem Sein hier reifen?
Ist's so schwer wenn wir erklären,
durch euer falsches Weltbild
versauern die Meere,
dass die Natur zugrunde geht,
die Kreatur stirbt, nicht lebt?

Selbst ihr spürt es allemal,
dass das Leben wird zur Qual!
Einsicht kann euch keiner schenken,
müsst schon selbst eure Gedanken in die richtigen
Bahnen lenken!

Was muss denn noch geschehen auf dieser Welt,
damit sich euer Geist erhellt?
Wer ist es eigentlich, den wir Gott hier nennen?
Gäb' es ihn, so müssten wir ihn erkennen!

Ihr kennt ihn doch, er ist in euch,
in jedem Tier, in allem hier,
selbst im Gesträuch!
Seht ihr ihn nicht, seid ihr da blind?
Habt den Unverstand eines bockigen Kind!
Wann werdet ihr endlich wach?
Wenn sich alles Licht wandelt zur Nacht?
Oh, ihr armen Menschen, seht doch endlich ein!
Die Wahrheit begreifen, kann doch so schwer nicht
sein!

*D*as Meer der Erkenntnis,
so unendlich tief!
Ist's das Verständnis
nach dessen Hall ich rief!
Höret mein Sehnen
mit all meiner Macht!
Trocknet die Tränen
sanft, mit Bedacht!
Die Wellen der Tiefen
tragen mich hinauf.
Sind's doch die Tiefen!
Schicksal, nimm deinen Lauf!
Spül mich dort hin
zu den Ufern des Strebens.
Gib mir den Sinn meines Lebens!
Die Strömung der Wonne
soll mich dann erfassen.
Der Strahl der Sonne,
die Tränen vergessen lassen!
Trag mich hinauf
zu diesem Glück!
Schicksal, nimm deinen Lauf!
Ist's doch nur noch ein Stück.

Wünscht ich doch ich könnt' fliegen auf
Schwingen so leicht,
so würde ich dort droben geben mein Herz,
dass ihr es erreicht!
Zu finden aller Welten Sinn,
der Menschen Frage warum ich bin!

Stehen wir manchmal
vor einem Berg
den wir ersteigen sollen
und den wir nicht wissen zu nehmen.
Vertrauen wir auf die
Gedankenallmacht voll
und wissen, wir werden ihn nehmen!
Haben wir dann mühevoll
den Berg erklommen,
Schritt für Schritt,
wissen wir,
es wird ein neuer kommen,
doch nehmen wir auch
diesen mit!

Der Menschen Frage, was richtig
und was wahr,
drückt sich aus in der Schöpfung,
die Antwort ist so nah!
Sie greifen nach dem Strohhalm,
dem letzten Gedanken!
Unsicher sind sie,
noch sind sie am Wanken!
Ist dann endlich keine
Frage mehr offen,
fangen sie alle an zu hoffen!

Mit der Hoffnung erwacht die Liebe,
es schwinden dahin die
niederen Triebe!
Die Vögel singen zum Dank das
Abendgebet,
weil es so schön ist,
dass die Erde sich dreht!
Sogar der Fels, der kleine Stein,
stimmt mit in dieses Hohelied ein!

Scheint am Abend
dann der Mond im zarten Licht,
freut sich das Meer,
es tanzt die Gischt!
Am Morgen,
mit dem ersten Sonnenstrahl,
mit dem Nebel,
der sich aus den Feldern erhebt,
wissen sie, das ist das Schönste,
was wir je erlebt!

Mensch, ist dir bewusst warum Du lebst?
Dass dein Geist nach Höherem hier strebt?
Lass den inner'n Drang nicht außer Acht!
Schau auf den Funke, der in dir entfacht!
Lass ihn erstrahlen zum hellen Licht!
Die Gedankenallmacht wird dich tragen
in ungeahnte Höhn,
so dass du niemals mehr wirst fragen,
welchen Weg soll ich da gehen?

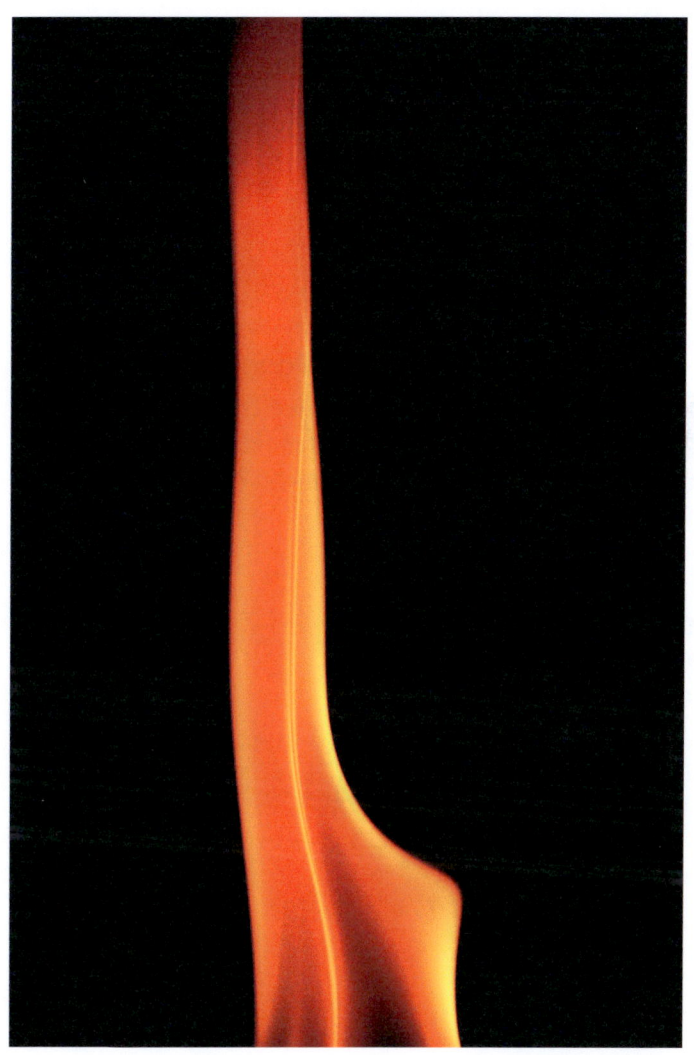

Der Vogel fliegt der Sonne entgegen.
Der Weg ist beschwerlich und weit!
Überraschend trifft er Sturm und Regen.
Verliert doch nicht seine Heiterkeit?
Er hat sich gefangen,
es dauert nicht lang,
da klart der Himmel auf.
Die Sonne scheint,
und der Vogel fliegt weiter
den Strahl hinauf.
Er nimmt den direkten Weg,
denn er weiß, ist er oben,
ist es das, was er angestrebt!

Glück ist,
zu erkennen, zu begreifen!
Glück ist,
dadurch langsam zu reifen!
Glück ist,
im Sessel ruh'n, in aller Stille
nachzudenken über die Vielfalt,
der Schöpfung Fülle!
Glück ist,
das Gefühl des geliebt werdens!
Glück ist,
Liebe zu verschenken!
Glück ist,
die kleinsten Dinge zu erkennen!
Glück ist,
die Ruhe zu genießen!
Glück ist,
Zufriedenheit auf Erden
im Bewusstsein zu meistern die Hürden!
Glück ist,
das Eine zu versteh'n,
danach zu handeln und dadurch
seinen Weg zu geh'n!

Glück ist Leben!
Leben ist Gefühl
ohne störende Schranken,
ohne verwirrende und
hemmende Gedanken!
Glück ist Liebe zu allem,
zu dir selbst und deinem Leben.
Hast du dies erkannt,
wird es nur noch
Zufriedenheit geben.

Zum Geschenk wurdest du uns gemacht,
als Gottes Engel bist du gedacht!
Konnt' mich nicht bezähmen,
wollte deinen Klang vernehmen.
Deine Gestalt so rein und schön,
ließ mich dich mit klaren Augen seh'n!
Kostbar, strahlend und unvergänglich,
unsichtbar, doch so beständig
zeigst du dich bei Tag und Nacht.
Zeiten kann ich mit dir durchreisen
über Meere, Wälder, Wiesen streifen.
Rund um diese schöne Kugel
hallt dein Ruf, dein Jubel!
In den Äther schick ich dich hinein,
kommst zurück, denn du bist ja mein!
Werd' dich hegen und dich pflegen,
ohne dich kann ich nicht leben!

Mein Gedanke ich sende dich aus
zum Wohle Euch aller.
Geist sprichst du aus mir heraus,
empfangen habe ich die Erleuchtung.
Meine Hände sich leer zur Erde hernieder senken,
bin ich doch reich!
Denn der Geist, die Erkenntnis
nicht greifbar ist mit Händen,
er sich nicht fangen lässt.
Den Gedanken ich erhalten habe durch
meine Gedankenarbeit
in der Dankbarkeit der Erkenntnis
den Geist empfangen zu haben!

Wir, die da Kinder der Sonne waren,
vom Dunkel umhüllt!
Sollt ihr nun zur Sonne fahren,
eröffnen das helle Licht!
Zu führen euch gegenseitig zum Horizont gar fein,
dann werdet ihr sehn, die Sorgen sind klein!
Der Wolken Dunst euch umhüllt,
Nebel liegt dort im Gift!
Wald sendet ab zum Gruß sein letztes Grün im
Licht!
Wasser so klar und rein,
das alles Leben birgt zum Sein,
erfüllt nicht mehr seinen Ruf.
Träge und faul die Wellengischt,
schlägt Ätzung dem Stein in's Gesicht!
Der Stein, der starke Fels,
vermodert in der Luft mit Qual,
bis er sich bildet zum heißen Sandenstrahl!
Die Luft will kein Leben mehr bergen.
Sie zwingt alles zum Verderben!
Der kleinste Vogel liegt, oh Schmach, im heißen
Sonnenlicht,
umhüllt mit giftiger Wellengischt!

Der Tag wird nicht fern mehr sein,
da wirken sie alle auf euch ein,
der Weltengifte gar stark!
Seid nicht traurig und mit Mut,
werdet ihr abwenden der Weltenglut!
Mit eurem Geist des Willens,
werdet ihr bringen die Erlösung rein, dann werdet
ihr Kinder der Sonne sein!

Vom Dunkel umgeben, welche Schmach,
schleicht sich dahin die Kreatur gemach!
Lustlos schwer der Schritt, hängend der Kopf,
gebeugt die Schulter, nichts mehr erwartend.

Erfüllt sich dahin das ew'ge Licht,
erhellt die Welt, das jeder Muskel sich straffet.
Die trüben Augen wieder funkeln,
den Kopf erhebend,
bei jedem Schritt die Erde bebend.
Der Mensch ist wiedergeboren aus seiner
Lethargie!

Lasset fliegen eure Gedanken zum Himmel empor,
nehmet auf die Schönheit die da liegt,
sendet Liebe aus eurem Herzen hervor,
dann schwebet ihr zu ihm empor!
Lasset hinter euch das Dunkel,
erhellt es mit euren Gedanken rein,
so werdet ihr die Menschen immer sein!

Verzeihet denjenigen die da noch zweifeln,
auch ihre Seele wird hier reifen
zur wertvollen Frucht, dass jeder sich ergötzet.
Keiner ist verloren, nein!
Alle sollen sie beisammen sein,
gehen diesen gemeinsamen Weg
in die Erfüllung und seht,
hier das Kleinste wartet auf euch,
aufgenommen zu werden um mitzugehen in die
große Einheit.
Zu schließen wieder den Kreis,
das fehlende Glied zu ersetzen,
damit sich schließet der Ring,
zum Schutz um jedes Ding!

Ihr Menschenkinder auf dieser Welt
nehmt euch Zeit in eurem Lauf.
Leget hin der Eile Hast,
gönnt euch Ruhe und Rast.
Schauet zu den Bergen hinauf.
Leget euch hin zum sinnen,
dann werdet ihr sprengen die dunklen Zinnen!
Lichter am Zenit ersehnen,
nehmet euch ein Licht davon,
damit ihr leuchtet in Welten hinein,
zeugend bringen, ihr seid nicht allein!
Gehet mit dem Licht hinaus in die Welt.
Zeigt es allen die da glauben und zweifeln.
Sie werden eure Helfer sein
auf eurem Weg, der da grau und öd.
Lasset euch nicht entmutigen,
redet vom Sein des Seins.
Erkläret ihnen mit vollem Mut,
auf die zu erwartende Glut.
Die Glut entfacht das Feuer,
Wärme strömt aus,
wird euch erreichen.
Nehmt sie in euch auf,
tragt sie fort zu denen die da frieren.

Mit der göttlichen Idee Materie mit dem Geist zu verbinden wurden wir in diese Welt hineingeboren und der Anfang in der Fortsetzung eines Gedankens geschaffen, den jeder von uns zu Ende denken muss. Diesen einen Gedanken, wir denken ihn solange wir leben! Ein Leben, das von der Vervollkommnung dieses einen Gedankens bestimmt ist.

Doch wie oft verfangen wir uns in Unwichtigkeiten, wie oft belasten wir ihn mit Nichtigkeiten? Ja, häufig vergessen wir die göttliche Idee, die uns den Weg zu diesem Gedanken wies, den Auftrag, der uns begleitet, dem wir verpflichtet sind ihn zu vollenden. Manchmal scheuen wir uns in der Bewegung Täler zu durchwandern, die wir nicht überschauen können, weil der Pfad auf dem wir uns begeben den Blick zum Horizont verwischt. So verharren wir im Schritt, schauen uns suchend um, unsere Gedanken verweilend im Augenblick, legen wir uns träumend nieder, die Wirklichkeit vergessend.

Doch ganz gleich, ob wir nun rasten oder forschen Schrittes unseres Weges ziehen, immer umschmeichelt uns das sanfte Licht der Wahrheit, küsst uns mit einem Strahl der Sonne wenn der Grad der Vollendung zu beschwerlich erscheint. Wie aber kann man einen Gedanken, der erfüllt von der göttlichen Idee, zu Ende denken, wenn wir in unserer Menschlichkeit an der Vollendung unserer eigenen Gedanken zweifeln? Wenn wir in

Traurigkeit den Kopf senken, zögern, unsere eigene Genialität anzuerkennen, die uns befähigt, erhobenen Hauptes die Erfüllung unserer Erkenntnisse kund zu tun? Sind es nicht diese Erkenntnisse die uns hindern, die uns traurig sein lassen, die uns dazu verleiten im Schritt zu verharren, zu zögern, obwohl wir in unserem tiefsten Innern, in unseren Herzen, von der Kreativität, dem göttlichen Genius in uns überzeugt sind, wir ihn, mit jedem Strahl der uns trifft, spüren? Wir warten auf die göttliche Idee, doch sie wurde uns längst zuteil. Wir wissen es und auch, das wir den daraus sich formenden Gedanken selbst zu Ende denken müssen, mit unserem Geist, unserer eigenen Kraft, mit unserer Liebe, gespeist aus der Ewigkeit allen Seins, fähig in der ewigen Bewegung die Ewigkeit zu sehen, in der Wahrheit zu leben, in ihr zu denken, in ihrem Lichte zu strahlen.

So lasst uns die Ewigkeit sehen,
die Augen zum strahlenden Antlitz
der Sonne wenden,
von ihrem Glanze umfangen,
der göttlichen Idee
mit der Vollendung unserer Gedanken
in der Erfüllung unseres Tuns,
die Ehre erweisen!

Gedanken, ein Schiff im brausenden Meer,
aufschäumend die Gischt an dem Bug.
Durch Wellentäler tiefer Tiefen,
gelangend an die Spitze höchster Höhen,
drohend, schwankend, aber niemals untergehend,
nähert es sich dem Hafen der da Erkenntnis heißt.
Im Hafen die Wasser ruhig, sich still vor Anker
legend, an der Mauer fest, die da Einsicht heißt!

Gedanken du bist kein Traum mehr!
Wie eine Blume du dich entfaltest
in deiner Reinheit klar und nicht blendend
umhüllst du mit deiner Kraft dein Werk.
Zur Vollendung du hast ihn gebracht,
dass ich von ihm träume!

Wir Menschen, als Kinder des Ursprungs gezeugt, den Spiegel der Sonne in den Herzen tragend, lasst uns gemeinsam die Welt erhellen!
Trübt die Sinne nicht länger mit den Schatten der Nacht.
Erhebet stolz das Haupt, schaut der Wahrheit ins Antlitz und höret ihren reinen Klang.
Die Reinheit des Lichts wird uns den Weg erleuchten, den Weg der Sonne entgegen.
Legt den Mut und die Kraft des Herzens offen dar, haltet sie nicht in den Fesseln der Müdigkeit gefangen.
Traget den Spiegel der Sonne in euren Händen und zeiget der Welt seine strahlende Herrlichkeit.
Lasset sie, einem Adler gleich, den uns anvertrauten blauen Diamanten umschweben, alles mit scharfem Blick erfassend, kein Unrecht mehr verantwortend, kein Leid mehr duldend.
So werden aus den Schatten der Nacht die Strahlen des Lichts.
Auf diesen Strahlen werden wir wandeln in eine Zukunft die nicht mehr im Dunkeln verborgen,
die mit der Helligkeit und dem Glanze des Lichts umfangen.

Die Poesie des Seins wird uns den Lebensborn zeigen, aus dem wir ewig schöpfen werden. Sein Quell, klar und nicht mehr unergründlich, lässt uns in tiefste Tiefen tauchen. Tiefen, von denen wir heute noch träumen, die unerforscht.
Die kleinste Mikrobe wird ihren Schleier lichten und ihre Schönheit nicht mehr verhüllen.
Das Hohelied der Sonne werden wir
ehrfurchtsvoll anstimmen, wenn der Nebel
gelichtet und sich die Ufer der Unendlichkeit in
der Zärtlichkeit unserer Herzen sanft vor
unseren Augen erheben.

Hinab steigst du Engel,
des Geistes Anwesen dem Menschen bringend.
Zur Vollendung gerüstet,
vollbringend die Tat.
Die Vielzahl derer die da warten,
in ihrem Gesicht die Angst.
Warum seid ihr so vermessen,
wenn man sich wagt zu legen die Dinge dar?
In der Vielzahl der Zahl
vernehmt ihr die Wahrheit!
Was kümmert euch denn der Ruf der euch folgt?
Zugegen wird er immer sein!
Habt Vertrauen zu euch selbst,
die Ängste dann schwinden.
Die Zahl erscheint dann nicht komplex.
Der Engel der da niederkam seid ihr!